NOUVEL ALPHABET
EN FRANÇAIS,
DIVISÉ
PAR SYLLABES,

Pour instruire les Enfans avec facilité.

A PARIS,
Chez Madame DUBOIS, rue du Marché
Palu, vis-à-vis l'Hôtel-Dieu. 1810.

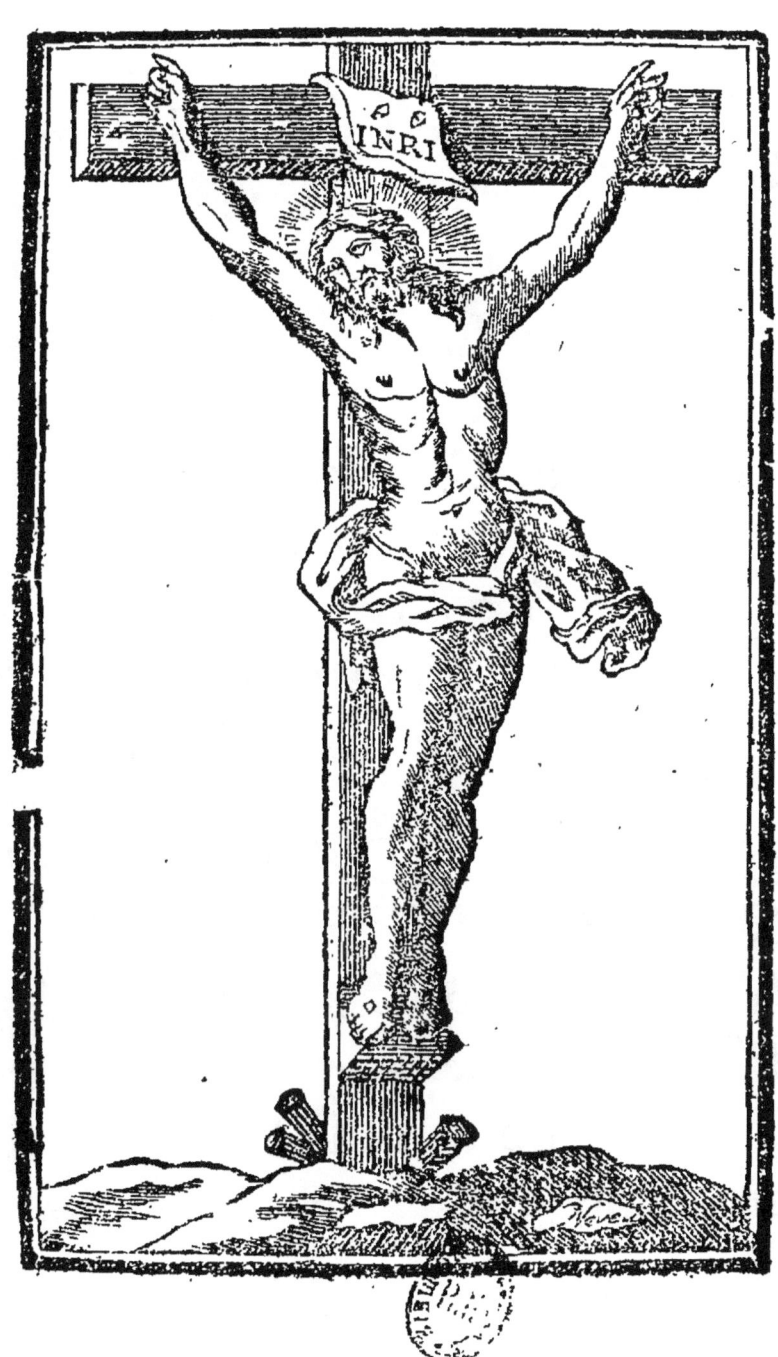

✠ a b c d e f g h i j k l m n
o p q r s t u v x y z & ct

† A a. B b. C c. D d. E e é è ê.
F f. G g. H h. I i. K k. L l.
M m. N n. O o. P p. Q q. R r.
S s. T t. V v. U u. X x. Y y.
Z z. p d b q l o y a m g n ſ e
i r f x v e t s u z p b d p e c k
d. p. q. b. q. é. è. ê. ë. e.

† A a. B b. C c. D d. E e é è é. F f.
G g. H h. J j. K k. L l. M m.
N n. O o. P p. Q q. R r. S s. T t.
V v. U u. X x. Y y. Z z. ã æ œ.
fi ffl ffl ſb ſb ſl ſl ſi i ffi ſt ſt.
ae æ. oe œ.

A 2

a	e		i	o	u
ba	bé	bê	be	bi	bo	bu
ca	cé	cê	ce	ci	co	cu
da	dé	dê	de	di	do	du
fa	fé	fê	fe	fi	fo	fu
ga	gé	gê	ge	gi	go	gu
ha	hé	hê	he	hi	ho	hu
ja	jé	jê	je	ji	jo	ju
la	lé	lê	le	li	lo	lu
ma	mé	mê	me	mi	mo	mu
na	né	nê	ne	ni	no	nu
pa	pé	pê	pe	pi	po	pu
qua	qué	quê	que	qui	quo	quu
ra	ré	rê	re	ri	ro	ru
ſa	ſé	ſê	ſe	ſi	ſo	ſu
ta	té	tê	te	ti	to	tu
va	vé	vê	ve	vi	vo	vu

xa	xé	xê	xe	xi	xo	xu
za	zé	zê	ze	zi	zo	zu
bla	blé	blê	ble	bli	blo	blu
bra	bré	brê	bre	bri	bro	bru
cla	clé	clê	cle	cli	clo	clu
cra	cré	crê	cre	cri	cro	cru
dra	dré	drê	dre	dri	dro	dru
sla	slé	slê	sle	sli	slo	slu
fra	fré	frê	fre	fri	fro	fru
gla	glé	glê	gle	gli	glo	glu
gna	gné	gnê	gne	gni	gno	gnu
gra	gré	grê	gre	gri	gro	gru
gua	gué	guê	gue	gui	guo	guu
pla	plé	plê	ple	pli	plo	plu
pra	pré	prê	pre	pri	pro	pru
pha	phé	phê	phe	phi	pho	phu
ſpa	ſpé	ſpê	ſpe	ſpi	ſpo	ſpu

fta fté ftê fte fti fto ftu
tla tlé tlê tle tli tlo tlu
tra tré trê tre tri tro tru
vra vré vrê vre vri vro vru

L'Oraison Dominicale.

NOtre, Père, qui, êtes, dans, les, Cieux, que, votre, nom, soit, sanc ti fi é; Que, votre, règne, ar ri ve; Que, votre, vo lon té, soit, fai te, en, la, ter re, com me, au, Ciel. Don nez, nous, au-jour d'hui, no tre, pain, quo ti-di en. Et, nous, par don nez, nos, of fen ses, com me, nous, par don nons, à, ceux, qui, nous, ont, offen ses. Et, ne, nous, a ban don nez , point , à , la , ten ta tion. Mais , dé li vrez , nous , du , mal.

Ain si , soit-il.

La Salutation Angélique.

JE , vous , sa lue , Ma rie , plei ne , de , gra ces , le , Sei-gneur , est , a vec , vous. Vous , ê tes , bé nie , en tre , tou tes , les , fem mes , & , Je sus , le , fruit , de , vo tre , ven tre , est , bé ni.

Sain te , Ma rie , Me re , de , Dieu , pri ez , pour , nous , pau-vres , pé cheurs , main te nant ,

&, à, l'heu re, de, no tre, mort. Ain si, soit-il.

Le Symbole des Apôtres.

JE, crois, en, Dieu, le, Pè-re, tout-puis sant, Cré a-teur, du, Ciel, &, de, la, ter-re. Et, en, Je sus-Christ, son, Fils, u ni que, no tre, Sei-gneur. Qui, a, é té, con çu, du, Saint, Es prit, né, de, la, Vier ge, Mar ie. Qui, a, souf-fert, sous, Pon ce, Pi la te, a, é té, cru ci fi é, est, mort, &, a, é té, en sé ve li. Est, des cen-du, aux, en fers; le, troi si ème, jour, est, res sus ci té, des, morts. Est, mon té, aux, Cieux, est, assis, à, la, droi te, de, Dieu, le, Pè re, tout-puis sant. D'où, il, vien dra, ju ger, les, vi vans, &, les, morts.

Je, crois, au, Saint-Es prit, la, Sain te, E gli se, Ca tho li que ; la, com mu ni on, des, Saints ; la, ré mis si on, des, pé chés ; la, ré sur rec ti on, de, la, chair ; la, vie, é ter nel le.

Ain si, soit-il.

La Confession des péchés.

JE, me, con fef le, à Dieu, Tout-Puiffant, à, la, bienheu reu fe, Ma rie, tou jours, Vier ge, à, faint, Michel, Archan ge, à, faint, Jean-Baptifte, aux, A pô tres, faint, Pier re, &, faint, Paul, &, à, tous, les, Saints; par ce, que, j'ai, beau coup, pé ché, par, pen fées, par, pa ro les, &, par, ac ti ons. J'ai, pé ché, par, ma, fau te, par, ma, fau te, par, ma, très-gran de, fau te. C'eft, pour quoi, je,

sup plie, la, bien heu reu se,
Ma rie, tou jours, Vier ge,
saint, Mi chel, Ar chan ge,
saint, Jean - Bap tis te, les,
A pô tres, saint, Pier re, &,
saint, Paul, &, tous, les,
Saints, de, pri er, pour, moi,
le, Sei gneur, no tre, Dieu.

Les Commandemens de Dieu.

1. UN seul Dieu tu adoreras, & aimeras parfaitement.

2. Dieu en vain tu ne jureras, ni autre chose pareillement.

3. Les Dimanches tu garderas, en servant Dieu dévotement.

4. Père & mère honoreras, afin de vivre longuement.

5. Homicide point ne feras, de fait ni volontairement.

6. Impudique point ne feras, de fait ni de consentement.

7. Les biens d'autrui tu ne prendras, ni retiendras injustement.

8. Faux témoignages ne diras, ni mentiras aucunement.

9. La femme ne convoiteras,

de ton prochain charnellement.

10. Biens d'autrui ne désireras, pour les avoir injustement.

Les Commandemens de l'Eglise.

1. LES Dimanches, Messe entendras, & Fêtes de commandement.

2. Les Fêtes tu sanctifieras, qui te sont de commandement.

3. Tous tes péchés confesseras, à tout le moins une fois l'an.

4. Ton Créateur tu recevras, au moins à Pâques humblement.

5. Quatre-temps, Vigiles jeûneras, & le Carême entièrement.

6. Vendredi chair ne mangeras, ni le Samedi mêmement.

COURTES PRIÈRES
DURANT LA MESSE.

En entrant dans l'Eglise.

Que ce lieu est terrible & vénérable ! c'est ici la maison de Dieu & la porte du Ciel. Faites, Seigneur, que je sois dans le respect, & que je tremble à la vue de votre Sanctuaire.

En prenant de l'Eau-bénite, il faut faire le signe de la Croix, & dire:

Mon Dieu, répandez en moi l'Eau de votre grace, pour me purifier de plus en plus, afin que les adorations que je viens de vous présenter, vous soient agréables.

Avant que la Messe soit commencée.

Je viens, ô mon Dieu, pour assister au saint Sacrifice, donnez-moi votre grace, afin que j'y assiste avec une foi vive, un amour ardent & une humilité profonde.

Pendant que le Prêtre est au bas de l'Autel.

J'ai péché, mon Dieu, je ne suis pas digne de lever les yeux au Ciel, ni de regarder votre Autel, pour vous adorer ; mais que tous les Saints vous prient pour moi. Je vous demande grace, ô mon Dieu Tout-Puissant, faites-moi miséricorde, & m'accordez le pardon de mes péchés, par Jesus-Christ notre Seigneur.

Quand le Prêtre monte à l'Autel.

Père Céleste, qui êtes Dieu, ayez pitié de nous. Fils, Rédempteur du monde, qui êtes Dieu, ayez pitié de nous. Esprit-Saint, qui êtes Dieu, ayez pitié de nous.

Au Gloria in excelsis.

Je vous adore, ô Père céleste : vous êtes le Souverain Seigneur, le Roi du Ciel, le Dieu Tout-Puissant. Je vous adore aussi, ô Jesus, mon Sauveur, vous êtes le seul Saint, le seul Seigneur, le seul Très-

Haut, avec le Saint-Esprit en la gloire de Dieu le Pere.

Pendant les Oraisons.

Dieu Tout-Puissant, faites-nous la grace d'avoir l'esprit tellement rempli de telles pensées, que toutes nos paroles & nos actions ne tendent qu'à vous plaire, par Jesus-Christ notre Seigneur.

A l'Epitre.

Faites-moi, ô mon Dieu, la grace d'aimer votre sainte parole, d'en apprendre les vérités, & d'en pratiquer les préceptes dès mon enfance.

A l'Evangile.

Seigneur, bénissez mon esprit, ma bouche & mon cœur, de sorte que mes pensées, mes paroles & mes actions soient réglées par votre Évangile; & que je sois toujours prêt à marcher dans la voie des saints Commandemens qu'il contient.

Au Credo.

Augmentez ma foi, Seigneur, rendez-la agissante par la charité, & faites-moi la grace de vous être fidèle jusqu'à la mort, afin que je reçoive la couronne de vie.

A l'Offrande.

O Dieu, qui dites dans votre parole : Donnez-moi votre cœur, je vous offre le mien en même-tems que le Prêtre vous offre ce pain & ce vin ; je vous offre aussi mon corps ; faites que ce corps & cette ame soient une hostie vivante, sainte & agréable à vos yeux.

Lorsque le Prêtre lave ses doigts.

Lavez-moi, Seigneur, dans le sang de l'Agneau sans tache pour effacer de mon corps & de mon ame les moindres taches du péché.

A l'Orate Fratres.

Que le Seigneur veuille recevoir ce faint Sacrifice pour fa gloire, pour mon falut, & pour l'utilité de toute fon Églife.

A la Préface.

Élevez, Seigneur, mon cœur au Ciel, afin que je vous adore avec les Anges, en difant comme eux : Saint, Saint, Saint, le Seigneur, le Dieu des Armées ; les Cieux & la Terre font remplis de la Majefté de votre gloire.

Après le Sanctus.

Mon Dieu, défendez votre

Église contre tous ses ennemis visibles & invisibles, conduisez par votre grace, notre saint Pere le Pape, Monseigneur notre Évêque, & les autres Pasteurs à qui vous avez confié le soin des ames. Conservez l'Empereur, bénissez mes Parens, mes Bienfaiteurs & mes Amis, & particulierement N.

Il faut ici penser aux Personnes pour qui on est obligé de prier.

Avant la Consécration.

Nous vous prions, Seigneur, que votre juste colere étant appaisée, vous receviez favorablement l'offrande que nous allons vous préfenter : donnez-nous la paix pendant le refte de nos jours, & mettez-nous au nombre de vos Élus.

A l'élévation de la Sainte Hoftie.

C'eft-là votre Corps, ô mon divin Sauveur, je le crois, parce que vous l'avez dit : j'adore ce Corps facré avec une humilité profonde, & je l'offre à votre Pere pour mon falut.

A l'élévation du Calice.

O précieux Sang qui avez été répandu pour nous fur la Croix, je vous adore, je vous crois véritablement dans ce Calice ; je suis prêt à répandre mon sang pour l'amour de vous : guérissez-moi, purifiez-moi, sanctifiez-moi.

Après l'élévation.

Faites-moi la grace, ô mon Dieu, de me souvenir toujours que ce Corps Sacré qui est maintenant présent sur l'Autel, a été livré à la mort, & que ce divin Sang, qui est dans le précieux Calice, a été répandu pour mon salut, afin que je vous serve toute ma vie avec ardeur ; souvenez-vous aussi de cette mort, afin que vous me pardonniez mes péchés avec miséricorde.

Au Memento des Morts.

Souvenez-vous, Seigneur, de vos serviteurs & de vos servantes qui sont morts dans la foi, & qui dorment du sommeil de la paix, & particulièrement de N.

Il faut ici penser aux Morts pour qui l'on est obligé de prier.

Pardonnez-leur, ô mon Dieu, le reste de leurs péchés, & leur accordez votre saint Paradis, afin qu'ils se reposent parfaitement de leurs travaux & de leurs peines.

Au nobis quoque peccatoribus.

Seigneur ayez pitié de moi, qui suis un misérable pécheur, & daignez, nonobstant mon indignité, m'accorder un repos éternel avec tous vos Saints.

A la seconde élévation.

Recevez, mon Dieu, cette offrande du Corps & du Sang de votre Fils, & rendez-moi participant des mérites de sa mort. Pere Céleste, avec lui, par lui, & en lui, vous appartient toute la gloire & la louange.

Au Pater noster.

Il faut dire : Notre Pere, &c.

Après le Pater.

Délivrez-nous, Seigneur, par votre bonté, de tous les maux passés, présens & à venir, & assistez-nous du secours de votre miséricorde, afin que nous ne soyons jamais esclaves du péché.

*A l'*Agnus Dei.

Agneau de Dieu, qui effacez les pechés du monde, ayez pitié de nous.

Agneau de Dieu, qui effacez les pechés du monde, ayez pitié de nous.

Agneau de Dieu, qui effacez les péchés du monde, donnez-nous la paix.

Au Domine non sum dignus.

Seigneur, je ne suis pas digne que vous entriez dans mon cœur, mais dites seulement une parole, & mon ame sera guérie.

O mon doux Jesus, qui désirez si ardemment de vous unir à nous : je vous ouvre mon cœur pour vous y recevoir, comme mon Sauveur & mon Dieu.

Lorsque le Prêtre communie.

Que votre Corps, ô mon

divin Rédempteur, & votre Sang précieux purifient mon corps & mon ame, qu'ils me fortifient & me nourrissent sur la terre, jusqu'à ce que je sois rassasié de votre présence dans le Ciel.

Après la Communion.

Mon Dieu, ne laissez pas rentrer dans mon ame le péché que vous y avez détruit par le Baptême ; que Jesus-Christ mon Sauveur vive toujours en moi, & que je sente sa divine présence, en faisant des actions conformes à celles qu'il a faites lorsqu'il étoit sur la terre,

A la Bénédiction.

Que Dieu tout-Puissant nous bénisse, le Père, le Fils, & le Saint-Esprit. Ainsi soit-il.

A l'Évangile selon S. Jean.

Jesus, mon Sauveur, vous êtes le Fils unique de Dieu, vous êtes Dieu comme le Pere & le Saint-Esprit. Cependant pour nous sauver, vous êtes venu au monde, vous avez souffert la mort, vous vous rendez présent sur le Saint Autel. O que vous nous aimez parfaitement! Faites-moi la grace de vous aimer de tout mon cœur, & de vous servir tous les jours de ma vie.

Après la Messe.

Seigneur Jesus qui avez dit : *laissez venir à moi les enfans*, je suis venu aujourd'hui près de votre saint autel où je savois que vous deviez venir, & j'ai eu la consolation de vous y revoir : que je ne m'en retourne pas sans avoir eu la satisfaction de ressentir les effets de votre sainte bénédiction. Renvoyez maintenant votre serviteur en paix, puisque mes yeux ont vu mon Sauveur. Bénissez moi de telle sorte que, pendant les jours de ma jeunesse & pendant tout le cours de ma vie, je me souvienne de vous qui êtes mon Créateur & mon Rédempteur, & que je prenne bien garde de vous offenser jamais, Jesus, mon Sauveur, qui êtes aussi mon Dieu.

En retournant dans sa maison.

Tous les Anges et tous les Saints, bénissez le Seigneur de ce qu'il a institué un sacrifice si admirable. Mon ame bénissez le aussi avec eux, que tout ce qui est au-dedans de moi loue son saint nom. Seigneur, mon Dieu, soyez béni de la grace que vous m'avez faite de connoître cet auguste mystère et d'y assister aujourd'hui. O Dieu de bonté, qui multipliez sur moi vos faveurs les plus précieuses, je veux vous aimer de tout mon cœur, de toute mon ame, de toutes mes forces, je consens de souffrir toutes les misères et même de mourir plutôt que de vous offenser jamais. Affermissez en moi une si sainte résolution, ô Dieu, Père, Fils et Saint-Esprit, auquel soit rendue toute la gloire, par les saints Anges et par les hommes, à présent et dans l'éternité.

FIN

A EVREUX, de l'Imprimerie de J. J. L. ANCELLE.

www.ingramcontent.com/pod-product-compliance
Lightning Source LLC
Chambersburg PA
CBHW060914050426
42453CB00010B/1718